MARTIN LUTHER KING

El hombre que defendió la igualdad
de todas las personas

Mis pequeños
HÉROES

Si te dijera que cerraras los ojos y pidieras un deseo, ¿en qué pensarías? Tal vez en tener una mascota, en viajar a la Luna, o, mejor todavía, en que se acabe el hambre en el mundo. Todos tenemos algún sueño.

Me llamo Martin Luther King, y ya desde pequeño descubrí cuál era el sueño más importante para mí: quería que todas las personas tuvieran los mismos derechos, fuera cual fuese el color de su piel. Ya sé que parece lógico, pero por desgracia no todo el mundo piensa lo mismo. Hay gente que cree que las personas con un color de piel diferente al suyo no son iguales a ellas y que tienen que ser tratadas peor. A eso se le llama racismo, y es una cosa horrible e increíblemente estúpida. Yo me propuse acabar con las leyes racistas que había en mi país, que eran muchas.

El mío era un buen sueño, ¿no crees? A él dediqué toda mi vida, y no fue nada fácil, pero al final lo conseguí con las mejores armas que existen: la palabra y la lucha no violenta.

Esta es mi historia.

Nací un día de 1929 en la ciudad de Atlanta, en el sur de Estados Unidos. Mi padre era el pastor de una iglesia, y mi madre, que antes había sido maestra de escuela, tocaba el órgano y le ayudaba.

Desde que era niño, los dos **me enseñaron que había que amar a todas las personas,** incluso a aquellas que nos trataban mal o nos odiaban.

—¿Tengo que respetar también a los que me insultan o creen que yo no valgo nada?

—Tú eres tan bueno como cualquier otro. Nunca dejes que nadie te diga lo contrario.

Sin embargo, por entonces no todo el mundo pensaba igual. Por ejemplo, de pequeño solía jugar con mis amigos, los niños y las niñas del vecindario. Pero un día, **mis amigos blancos dejaron de jugar conmigo.**

—*¿Y por qué ya no quieres jugar conmigo?*

—*Porque eres negro.*

—*¿Y eso qué tiene que ver? ¡Siempre hemos jugado juntos!*

¡No me lo podía creer! ¿Por el color de mi piel ya no podían jugar ni relacionarse conmigo? Después de mucho insistir, mi mejor amigo, muerto de vergüenza, me confesó la verdad:

—*Nuestros padres nos lo han prohibido.*

Aquella tarde lloré hasta que me quedé dormido.

No era solo que no pudiéramos jugar juntos. Tampoco podía ir a la misma escuela que los niños blancos de mi barrio, ni viajar a su lado en los autobuses, ni bañarme en las mismas piscinas que ellos. ¡Ni siquiera podía ir al parque de atracciones!

En todas partes había una zona para los blancos, bonita y arreglada, y otra vieja y destartalada para la gente de color, que es como nos llamaban. **No podía entenderlo.**

Parque de Atracciones

—Papá, ¿por qué a los negros nos tratan así?

—Lo dicen las leyes, hijo.

—Pero eso no es justo. ¿No podemos cambiarlo?

—Es muy difícil, Martin... Pero un día lo conseguiremos.

Con 15 años fui a la universidad —solo para chicos negros, claro—. Allí oí hablar de dos personas muy valientes: Henry David Thoreau, que había vivido unos años antes que yo, y Gandhi. Los dos **se habían enfrentado a las injusticias con protestas pacíficas, sin hacer daño a nadie.** ¡Y habían logrado sus objetivos!

Les empecé a hablar de ellos a mis amigos, sobre todo a los que sentían tanta rabia que tenían ganas de ir por la calle dándole patadas a todo.

THOREAU

GANDHI

—Estoy harto de que nos traten mal, ¡vamos a pelear!

—Tenemos que conseguir que nos escuchen sin utilizar la fuerza.

—No sé..., quizá tengas razón, Martin.

Estaba convencido. Ese era el camino que teníamos que seguir para lograr que mi sueño se convirtiese en realidad. Pero ¿por dónde empezar?

En 1955 sucedió algo que me ayudó a responder mi pregunta. En un pueblo de Estados Unidos, una mujer llamada Rosa Parks fue arrestada por la policía tras desobedecer la orden de ocupar solo los asientos del autobús reservados para los negros.

¡Claro, ese era el primer paso! **Teníamos que seguir el ejemplo de Rosa Parks, pero a lo grande.** Protestar todos juntos de manera pacífica.

Y así lo hicimos. Convencí a todas las personas negras para que ninguna de ellas cogiera los autobuses de la ciudad. Algunos caminaban hasta 30 kilómetros cada día para ir a trabajar, y acababan agotados, pero el esfuerzo valió la pena porque... funcionó.

Poco después se aprobó una ley que decía que era ilegal separar a las personas blancas de las negras en los transportes públicos.

Después de organizar esas protestas, me convertí en uno de los líderes más conocidos y respetados del Movimiento por los Derechos Civiles. **Defendíamos una sociedad en la que todas las personas fueran tratadas igual,** sin importar el color de su piel.

Pero nuestra lucha pacífica estuvo llena de peligros y dificultades. Como me había hecho famoso, la policía me arrestó varias veces con cualquier excusa por lo que decía o hacía. Incluso un grupo de racistas incendió mi casa y las de mis amigos.

—¿No tenéis miedo?

—¿Miedo? Sí, pero mi sueño y el de muchos de los que me rodean empieza a cumplirse. No nos detendremos ahora.

Habíamos conseguido dar un paso adelante, pero aún quedaba mucho camino por recorrer.

En pocos años nos convertimos en un grupo muy numeroso. Protestábamos en estaciones de autobuses, bibliotecas y restaurantes para construir un país en el que todos tuviéramos los mismos derechos. Un país en el que mis hijos, y todos los niños, pudieran divertirse y jugar con quien quisieran.

—Papá, ¿podemos ir al parque de atracciones?

—Lo siento, cariño, no dejan entrar a los niños negros.

—Pero eso es injusto, ¡yo también quiero jugar!

—Así son las leyes, niños. Pero muy pronto eso cambiará.

Decidimos organizar una gran manifestación para reivindicar nuestros derechos en una ciudad llamada Birmingham. Éramos cientos, miles de manifestantes: señores mayores, abuelas, jóvenes, padres y madres..., pero sobre todo niños, muchos niños. Sin embargo, el jefe de policía ordenó que se detuviera la manifestación por todos los medios.

—¡Alto!, que todo el mundo vuelva a casa.

—No hacemos nada malo. Estamos protestando de forma pacífica.

—He dicho que os vayáis. Si no me hacéis caso, os vais a enterar.

Empezaron a disparar agua con las mangueras y nos atacaron con perros. Todo el país vio las imágenes por televisión y sintió una enorme vergüenza por lo que había pasado.

Unos días más tarde, **conseguimos que se cambiaran las leyes** de Birmingham: blancos y negros ya podían compartir los mismos transportes, podían beber de las mismas fuentes y comer en los mismos restaurantes. ¡Incluso ir al parque de atracciones!

¡Vaya manifestación, la de Birmingham! Pero nada comparado con lo que estaba por llegar. El 28 de agosto de 1963 organizamos una gran marcha hacia Washington, la capital de Estados Unidos: llegaron más de 250 000 personas de todos los rincones del país para exigir sus derechos.

Fue allí, delante de todo el mundo, donde **pronuncié un discurso con una de las frases más famosas de la historia.**

—*Tengo un sueño. Sueño con que mis cuatro hijos pequeños vivan algún día en una nación donde no se les juzgue por el color de su piel sino por las cualidades de su carácter.*

Ese día pude compartir con todos mi sueño de infancia. Y parece ser que muchos me escucharon y estuvieron de acuerdo con mis palabras, porque poco después el mismísimo presidente de Estados Unidos aprobó nuevas leyes a favor de la igualdad entre blancos y negros.

Aunque aún quedaba mucho por hacer, habíamos logrado cambiar varias leyes injustas. Ese era el mejor premio a tantos años de esfuerzo, aunque no fue el único. Un día recibí una llamada importantísima.

—Buenos días, querríamos hablar con el señor Martin Luther King.

—Dígame, soy yo mismo.

—*Se le ha concedido el Premio Nobel de la Paz.* Su lucha pacífica contra la discriminación es un gran ejemplo del que todos debemos aprender.

—¡Qué honor!

Me convertí en la persona más joven de la historia en recibir ese premio tan prestigioso. Y todo gracias al poder de la palabra y al pacifismo.

El reconocimiento y la fama no hicieron que olvidara mi sueño. Con el dinero del premio seguimos luchando para conseguir que todas las personas tuvieran los mismos derechos, sin importar el color de su piel.

Un día de 1968, quise dar un discurso alegre y lleno de ilusión. Quería decirles a todos los que me escucharan lo contento que estaba por lo que habíamos logrado y animarles a seguir consiguiendo cambios.

—*He llegado a la cima de la montaña. Pronto llegaremos a la tierra prometida. Así que estoy feliz.*

Al día siguiente, un hombre lleno de odio y en desacuerdo con mis ideas me disparó y acabó con mi vida. Pero no con mi sueño de conseguir un mundo mejor. Al contrario, ese no había hecho más que empezar y era ya el sueño de muchos.

Me llamo **Martin Luther King** y esta fue mi historia. Desde que tuve uso de razón luché por la justicia, por la paz y para que todos los hombres y mujeres tuvieran los mismos derechos. Mi sueño no era un sueño fácil, pero con la ayuda de muchos y la valentía de muchos más conseguimos algo que parecía imposible de lograr. Y lo hicimos de manera pacífica.

Ese sueño debería continuar vivo hasta que en ningún rincón del planeta se nieguen derechos a las personas. ¿No estás de acuerdo?

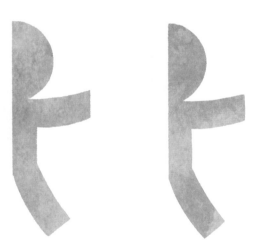

MARTIN LUTHER KING:
ESTA ES SU HISTORIA

Martin Luther King nació en Atlanta, en Estados Unidos, en 1929. Desde pequeño, vio que **NO TODAS LAS PERSONAS TENÍAN LA MISMA LIBERTAD NI LOS MISMOS DERECHOS.** Era injusto. ¿Por qué él no podía hacer las mismas cosas que otras personas solo por tener un color de piel diferente?

Tras el arresto de Rosa Parks en 1955 por sentarse en un asiento del autobús reservado para blancos, Martin Luther King organizó un **BOICOT A LA COMPAÑÍA DE AUTOBUSES** (es decir, negarse a usar sus servicios) para que dejaran de discriminar a los negros separándolos de los blancos. La protesta fue larga y dura, pero funcionó: consiguieron cambiar esa norma injusta.

1929	1948	1951	1953	1955
Nace Martin Luther King en Atlanta (Estados Unidos).	Se gradúa en el Morehouse College con una Licenciatura en Sociología.	Comienza a estudiar Teología en la Universidad de Boston.	Se casa con Coretta Scott.	Lidera las protestas contra los autobuses de Montgomery después del arresto de Rosa Parks.

En 1964, debido a la presión de las protestas de Martin Luther King y otros líderes del Movimiento por los Derechos Civiles, el presidente de Estados Unidos aprobó una ley que prohibía la segregación racial, esto es, la separación de las personas por su color de piel en lugares públicos. Ese mismo año, Luther King recibió el **PREMIO NOBEL DE LA PAZ.**

Martin siguió luchando contra el racismo y en 1963 organizó una multitudinaria manifestación en Washington D. C., donde pronunció su famoso discurso **«TENGO UN SUEÑO».** Su sueño era que todas las personas, independientemente de su color de piel y de su condición económica, tuvieran los mismos derechos.

Un año después, su movimiento también consiguió que se aprobara una ley que garantizaba el derecho al voto de los negros, sin discriminaciones. Fue arrestado en diversas ocasiones y en 1968 murió asesinado. Su lucha pacífica contra las injusticias se convirtió en un **EJEMPLO PARA TODOS.**

1956	1963	1964	1965	1968
La casa de Martin Luther King es atacada e incendiada.	Da su discurso «Tengo un sueño», en la histórica marcha en Washington.	Recibe el Premio Nobel de la Paz.	Consigue que se apruebe la Ley de derecho al voto para los afroamericanos.	Muere asesinado en Memphis, Tennessee.

¿QUIERES SABER MÁS?

«Con frecuencia, los hombres se odian unos a otros porque se tienen miedo; tienen miedo porque no se conocen; no se conocen porque no se pueden comunicar; no se pueden comunicar porque están separados».

Martin Luther King

LA SEGREGACIÓN DE LAS PERSONAS

La principal lucha de Martin Luther King fue contra la segregación según el color de la piel, es decir, contra las leyes y las costumbres que dictan la separación de personas según su procedencia o el color de su piel. ¿Te imaginas que una persona negra no pudiera entrar en un museo por la misma puerta que una blanca, como en esta imagen? ¿O que algunas partes de tu ciudad fueran solo para blancos y que los negros no pudieran entrar en ellas salvo para trabajar en la casa de un blanco? Pues todo eso ha pasado en los últimos cien años en países como Estados Unidos, Sudáfrica o Alemania.

LA DESOBEDIENCIA CIVIL NO VIOLENTA

Para luchar contra leyes injustas, Martin Luther King, como otros antes y después que él, se basó en la desobediencia civil. Eso significa que se desobedecen esas leyes, siempre de forma pacífica, para que el mundo se dé cuenta de que son injustas y para intentar que se cambien. Hubo otras personas que realizaron actos de desobediencia civil: el escritor estadounidense Henry David Thoreau (el de la foto), que se negó a pagar un impuesto creado para financiar una guerra que él creía injusta, y el dirigente indio Mahatma Gandhi, que la usó para defender el derecho a la independencia de su país, la India.

EL DOMINGO SANGRIENTO

Por desgracia, la desobediencia civil no violenta suele ser reprimida con violencia por las personas que tienen el poder. Una de las protestas organizadas por Luther King, la primera marcha de Selma a Montgomery de 1965 para pedir el derecho al voto de los negros, fue reprimida tan duramente por la policía que se conoce como «domingo sangriento». Poco después, se aprobó una ley que acabó con aquella injusticia.

Mis pequeños HÉROES

¿Todavía crees que los auténticos héroes llevan capa y tienen superpoderes?

Conoce a todos los protagonistas de **MIS PEQUEÑOS HÉROES:** personas reales, de carne y hueso, que han contribuido a hacer del mundo un lugar mejor.

Científicos, aventureros, inventores, artistas…, un sinfín de personalidades que merecen ser conocidas y admiradas no solo por lo que hicieron, sino también y sobre todo por cómo lo hicieron.

Encuéntralos en
www.mispequeñosheroes.com

PAU CLUA

Nací en Barcelona en 1970. Soy guionista, periodista, novelista y «escritista». Bueno, esto último no porque no existe, pero lo que sí que existen son mis libros de humor, mis novelas de aventuras y la firme convicción de que, con un poco de imaginación, todo es posible.

WUJI HOUSE

Somos unos apasionados de los dibujos animados y los libros de colores y por ello nos aferramos, desde muy temprana edad, a un lápiz como una araña a su telaraña. Ahora que hemos crecido seguimos tejiendo dibujos para atrapar a tantos jóvenes lectores como quepan en nuestra red.

MARTIN LUTHER KING

© 2019, de esta edición, Shackleton Books, S.L.

© de las ilustraciones, Ángel Coronado y Oriol Roca

Coordinación y supervisión de las ilustraciones:
Peekaboo Animation, S.L.

© de los textos, Pau Clua

Realización editorial:
Bonalletra Alcompas, S.L.

Coordinación editorial:
Carmela Vásquez

Diseño de cubierta:
Pau Taverna

Diseño de colección:
Elisenda Nogué (www.metagrafica.com)

Maquetación:
Elisenda Nogué (www.metagrafica.com)

© Fotografías:
p. 32, Museo Memoria y Tolerancia [CC BY-SA 4.0]/ Wikimedia Commons, National Archives [CC BYSA 4.0]/Wikimedia Commons; p. 33, Phil Stanziola, NYWT&S staff [D. P.]/Wikimedia Commons, Yoichi Okamoto - Lyndon Baines Johnson Library and Museum. Image Serial Number: A1030-17a. [D. P.]/ Wikimedia Commons; p. 34, Annette Kurylo [CC BYSA 3.0]/Wikimedia Commons; p. 35, Benjamin D. Maxham [D. P.]/ /Wikimedia Commons, Stanley Wolfson, New York World Telegram & Sun [D. P.]/ Wikimedia Commons.

ISBN: 978-84-17822-08-8
DL: B-3139-2019
Impresión: Macrolibros S.A., Valladolid.